Hoffnung für den Heimweg

Ermutigende Gedanken für den letzten Weg

Krumau am Kamp 2023

Bibliografische Information der Deutschen
Nationalbibliothek: Die Deutsche Nationalbibliothek
verzeichnet diese Publikation in der Deutschen
Nationalbibliografie; detaillierte bibliografische Daten sind
im Internet über www.dnb.de abrufbar.

Hoffnung für den Heimweg

Herstellung und Verlag:
BoD - Books on Demand, Norderstedt
ISBN: 978-3-7562-0435-9

Inhalt

Vorstellung 5

Freudig in die Ferne 9

Trockenen Fußes ans andere Ufer 16

Aus schweren Zeiten heimkommen...... 25

Alles, nur kein Wolkenkuckucksheim .. 36

Ein himmlisches Fest................................ 49

Hochzeitsvorbereitung 59

Mach es fest! 73

Drei Heimatgedichte................................ 79

Für Luise

Vorstellung

Wir kennen uns nicht persönlich, aber vielleicht liest Dir das Buch ein guter Freund oder eine liebe Verwandte vor. Darum bin ich so frei, Dich mit Du anzusprechen, damit es vertrauter klingt und Du Dich angenommen und verstanden fühlen kannst. Ich heiße Alexander, wurde 1969 geboren, bin Lehrer für Druck- und Medientechnik und Prediger in einer christlichen Gemeinschaft.

Du stehst am Beginn einer großen Reise, die ich auch einmal antreten werde. Vielleicht sah es früher schon so aus, dass Du sie hättest antreten müssen. Vor der Zeit. Im besten Alter. Doch Du bist, wie man so sagt, noch einmal von der Schaufel gesprungen. Bei mir gab es einige solche Momente. Ich war ein kränkliches Kind und wäre fast erstickt. Als Jugendlicher wäre ich mit meinem Fahrrad beinahe frontal gegen ein Auto gedonnert. In den Bergen bin ich abgestürzt. Mit meinem

Auto hatte ich einen Totalschaden, und das ist erst drei Jahre her! Als ich jung war, verdrängte ich diese „Glücksfälle" und machte weiter wie bisher. Seit meinem Bergunfall Mitte zwanzig bewegt mich jedoch die Frage: Wäre ich bereit, von hier Abschied zu nehmen, um die Heimreise anzutreten?

Heimreise, das heißt mir wurde etwas bewusst von der Heimat. Das nahm mir die Angst vor dem Tod und weckte so etwas wie eine Sehnsucht in mir. Keine Todessehnsucht, sondern eine Heimat-sehnsucht. Das verdanke ich dem, der gesagt hat: *„Euer Herz erschrecke nicht! Glaubt an Gott und glaubt an mich! Im Haus meines Vaters sind viele Wohnungen; wenn nicht, so hätte ich es euch gesagt. Ich gehe hin, um euch eine Stätte zu bereiten."*[1]

Wenn mir und Dir aber eine Heimat und eine Wohnung versprochen wird, dann wird uns die Welt, in der wir jetzt leben,

---

[1] Joh 14,1-2 nach der Übersetzung „Schlachter 2000"

zur Fremde. Ja, sie ist uns eine Fremde, seit wir das glückselige Paradies verloren haben. Wir alle sind „jenseits von Eden" geboren und aufgewachsen, und manchmal spüren wir das noch in uns. Eine Sehnsucht nach dieser Geborgenheit und Reinheit des idyllischen Gartens. Wir hungern nach dieser Harmonie und dem Frieden, nach einem Zustand der Vollkommenheit. Wir leiden unter der Vergänglichkeit und all dem Schmerz, der damit verbunden ist. Wir leiden an der Sünde und all dem Schmerz, den wir deshalb einander zufügen. Wir leiden an der Ungerechtigkeit, der Habsucht, der Lüge, dem Hass, der Treulosigkeit, der Gewalt und der offenbaren Unfähigkeit unserer Oberen, dieser Missstände Herr zu werden.

Was uns darüber hinwegtröstet, ist die Verblendung einer Hollywood-Welt. Die Traumfabrik gaukelt uns Illusionen vor, die nicht einmal für die Reichen und Schönen wirklich gelten: Das schnelle

Glück um wenige Euros, die schillernde Werbung, die Zustimmung und das Lob in den sozialen Medien für coole Fotos oder Sprüche, unverbindliche und leicht verfügbare Liebe, die billigen Kredite, die in die Schuldenfalle führen.

Darum glaube ich, ist die Heimreise ein wunderbarer Ausblick, denn all das, was uns betrübt und betrügt, das bleibt hier zurück.

Ich will Dir nun die erste Geschichte erzählen:

Freudig in die Ferne

Vielleicht kennst Du noch das Kinderlied
„Hänschen klein":

Hänschen klein ging allein
In die weite Welt hinein
Stock und Hut steh'n ihm gut
Ist gar wohlgemut
Aber Mutter weinet sehr
Hat ja nun kein Hänschen mehr
Wünsch dir Glück! sagt ihr Blick
Kehr nur bald zurück!

Doch es waren sieben Jahr
Die er in der Fremde war
Da besinnt sich das Kind
Läuft nach Haus geschwind
Doch nun ist's kein Hänschen mehr
Nein, ein großer Hans ist er
Stirn und Hand braun gebrannt
Wird er so erkannt?

Eins, zwei, drei gehen vorbei
Fragen sich, wer das wohl sei
Die Schwester spricht, das Gesicht

Nein, das kenn ich nicht!
Doch da kommt die Mutter rein
Schaut ihm nur ins Aug' hinein -
Hans, mein Sohn! So ein Glück!
Endlich bist' zurück!"

Jesus erzählte den Menschen einmal eine ähnliche Geschichte: *„Ein Mensch hatte zwei Söhne. Und der jüngere von ihnen sprach zum Vater: Gib mir den Teil des Vermögens, der mir zufällt, Vater! Und er teilte ihnen das Gut. Und nicht lange danach packte der jüngere Sohn alles zusammen und reiste in ein fernes Land, und dort verschleuderte er sein Vermögen mit ausschweifendem Leben.*

Nachdem er aber alles aufgebraucht hatte, kam eine gewaltige Hungersnot über jenes Land, und auch er fing an, Mangel zu leiden. Da ging er hin und hängte sich an einen Bürger jenes Landes; der schickte ihn auf seine Äcker, die Schweine zu hüten. Und er begehrte, seinen Bauch zu füllen mit den Schoten, welche die Schweine fraßen; und niemand gab sie ihm.

Er kam aber zu sich selbst und sprach: Wie viele Tagelöhner meines Vaters haben Brot im Überfluss, ich aber verderbe vor Hunger! Ich will mich aufmachen und zu meinem Vater gehen und zu ihm sagen: Vater, ich habe gesündigt gegen den Himmel und vor dir, und ich bin nicht mehr wert, dein Sohn zu heißen; mache mich zu einem deiner Tagelöhner!

Und er machte sich auf und ging zu seinem Vater. Als er aber noch fern war, sah ihn sein Vater und hatte Erbarmen; und er lief, fiel ihm um den Hals und küsste ihn. Der Sohn aber sprach zu ihm: Vater, ich habe gesündigt gegen den Himmel und vor dir, und ich bin nicht mehr wert, dein Sohn zu heißen!

Aber der Vater sprach zu seinen Knechten: Bringt das beste Festgewand her und zieht es ihm an, und gebt ihm einen Ring an seine Hand und Schuhe an die Füße; und bringt das gemästete Kalb her und schlachtet es; und lasst uns essen und fröhlich sein! Denn dieser mein Sohn war tot und ist wieder lebendig geworden; und er war verloren und ist *wiedergefunden worden. Und sie fingen an, fröhlich zu sein."*[2]

Was denkst Du über den jungen Mann? Was hat er für einen Charakter? Oder war es richtig, dass er sich von seinem Vater emanzipierte und die Welt kennen lernen wollte? Vielleicht kam er sich eingesperrt vor?

Der Vater machte ihm keinen Vorwurf und hielt ihn nicht zurück. Er gab ihm seinen Anteil am Erbe und ließ ihn ziehen. Was denkst Du über den Vater? War er gleichgültig? Hoffte er auf ein Umsinnen bei seinem Sohn nach einer gewissen Zeit?

Wie lustig das Leben in der Fremde doch war! Solange man Geld hatte. Ein ausschweifendes Leben war es. Lasterhaft, also Wein, Weib und Gesang und jede Menge Freunde. Falsche Freunde, die ihm nur solange Gesellschaft leisteten, solange er die Zeche bezahlte. Doch dann kam

---

[2] Lk 15,11-24

alles anders. Äußere Umstände, eine Hungersnot. Darauf hätte er sich ausreden können: „Ich kann ja gar nichts dafür!" Aber sein Vermögen hatte er doch selbst aufgebraucht. Und so landete er beim niedrigsten Dienst, den es damals gab: Er wurde ein Schweinehirt.

Was denkst Du jetzt über ihn? Er ist selbst schuld, geschieht ihm recht? Oder bekommst Du Mitleid mit ihm? Sein Vater hat von all dem nichts mitbekommen, denn der war weit weg. Wenn sonst auch niemandem, so begann wenigstens er selbst sich leid zu tun.

Die Erinnerung an den Vater trieb ihn zu einem demütigenden Entschluss: Vielleicht nimmt der Vater mich ja als Tagelöhner auf. Als Tagelöhner, nicht als Sohn! Er wusste, dass er keinen Anspruch auf Liebe oder Vergebung hat, so wie er den Vater verlassen hat. Erklärt man den Vater nicht bereits vorzeitig für tot, wenn man zu seinen Lebzeiten das Erbe einfordert?

Kalt, selbstsicher und ungestüm war der junge Mann, der nun als ein Häuflein Elend die Heimreise antrat. Wie sehr er sich schämte und sich scheute, dem Vater in die Augen zu blicken!

Der Vater aber sah ihn von ferne und lief ihm entgegen. Das unsicher gestammelte: *„Vater, ich habe gesündigt gegen den Himmel und vor dir, und ich bin nicht mehr wert, dein Sohn zu heißen!"*, wurde in den Tränen der Vaterliebe hinweggespült und in der väterlichen Umarmung umhüllt. Kein Wort des Vorwurfs kam von seinen Lippen, denn das war gar nicht mehr nötig. Alles, was der Vater dem Sohn vorwerfen hätte können, hat er selbst sich schon zur Genüge vorgeworfen.

Was denkst Du über den Vater? Das ist Gott, so wie Jesus Christus Ihn uns vorstellt. Er ist barmherzig und versöhnlich. Wer ist der Sohn? Bist das Du? Beschreibt sein Leben Dein Leben? Ein Leben voller

Selbstsicherheit und undankbarer Genusssucht? Ein Leben der Gott- und Heimatvergessenheit? Nein, nicht jeder ist wie der Sohn. Aber jeder, der die Heimreise antritt wie dieser Sohn, wird vom Vater mit offenen Armen empfangen.

Seit ich das wissen darf, weil Jesus Christus es gesagt hat, bin ich zuversichtlich und freue mich auf die Heimreise. Innerlich bin ich heute schon ganz bereit, nämlich versöhnt mit Gott. Heute kannst auch Du sagen: *„Vater, ich habe gesündigt gegen den Himmel und vor dir, und ich bin nicht mehr wert, dein Kind zu heißen!"*, wenn das auf Dich zutrifft.

Auch die folgende Geschichte möchte ich Dir mitgeben:

Trockenen Fußes
ans andere Ufer

Du kennst vielleicht die Redewendung „über den Jordan gehen". Das ist eine Umschreibung für dieses Heimgehen. Der Fluss Jordan trennte das Volk Israel, welches noch in der Wüste war, vom verheißenen Land, das von Milch und Honig überließt. Der Jordan aber führte Hochwasser und war zu einem reißenden Strom angeschwollen. Unüberwindlich. Brücken gab es auch keine.

Hat Gott sie in eine Sackgasse geführt? Zumindest an eine Grenze, die kein Mensch überwinden kann. Solche eine Grenze steht auch unserer Heimkehr im Weg. Da gab Gott den Priestern im Volk eine ganz seltsame Anweisung:

Gott hatte in der Wüste ein „Tempelzelt" anfertigen lassen. Darin ließ er eine Truhe aufstellen, in denen die Steintafeln mit den Zehn Geboten aufbewahrt wurde.

Diese Truhe nannte Er die „Lade des Bundes" bzw. „Bundeslade." Von dort aus redete Er mit Moses und Aaron. Nun sagte Gott zu ihnen, sie sollten die Lade aus dem Zelt holen und dem Volk weit vorausgehen lassen. 1 km Abstand sollte zwischen dem Volk und der Bundeslade sein. Die Priester sollten die Truhe in den Jordan hineintragen und mitten im Fluss stehen bleiben.

Kannst Du Dir das vorstellen? Wie sollte das gehen? Da nahmen also die Priester die Bundeslade und trugen sie auf ihren Schultern mit Tragestangen. Sie machten sich wohl mit einem mulmigen Gefühl auf den Weg. Da war schon das Flussufer in Sicht. Da hörten sie schon das Rauschen vieler Wasser. Da kamen sie an die Uferböschung. Da war es nur mehr ein Schritt hinein in den reißenden Strom.

„Als nun das Volk auszog aus seinen Zelten, um über den Jordan zu gehen, und die Priester die Bundeslade vor dem Volk hertrugen, und

als die, welche die Lade trugen, an den Jordan kamen, und die Priester, welche die Lade trugen, ihre Füße am Flussrand in das Wasser tauchten (der Jordan aber war überall über die Ufer getreten während der ganzen Zeit der Ernte), da stand das Wasser, das von oben herabkam, aufgerichtet wie ein Damm, weit entfernt bei der Stadt Adam, die neben Zartan liegt; aber das Wasser, das zum Meer der Arava hinabfloss, zum Salzmeer, nahm ab und verlief sich völlig. So ging das Volk hinüber vor Jericho. Und die Priester, welche die Bundeslade des Herrn trugen, standen fest auf dem Trockenen, mitten im Jordan; und ganz Israel ging auf dem Trockenen hinüber, bis das ganze Volk den Jordan völlig überschritten hatte."[3]

Ein Wunder! Ein Wunder, das um nichts weniger beeindruckend war als der Durchzug durchs Rote Meer. Etwas Besonderes wird hier berichtet: Der Fluss trocknete völlig aus bis hinauf zur Stadt Adam und bis hinunter zum Toten Meer,

---

[3] Jos 3,14-17

18

dem Salzmeer. Die Stadt hieß wie der erste Mensch: Adam. Adam, jener Adam, der mit Eva die verbotene Frucht aß, weshalb sie aus dem Garten Eden verstoßen wurden. Jener Adam, durch dessen Ungehorsam der Tod in die Welt kam. Das hat Gott bewusst so gemacht, um uns etwas sehr Tröstliches zu zeigen:

Der reißende Strom des Todes versiegt in dem Moment, als die Bundeslade in den Strom getragen wird. Die Bundeslade beendete die Macht des Todes. An wen denkst Du, wenn Du das hörst? Erinnert es nicht an den, der freiwillig für uns in den Tod gegangen ist, um uns einen Weg durch den Tod hindurch ins ewige Leben zu bahnen? Das sagt das Evangelium über Ihn:

„Ich bin der gute Hirte; der gute Hirte lässt sein Leben für die Schafe."[4]

---

[4] Joh 10,11

„Darum liebt mich der Vater, weil ich mein Leben lasse, damit ich es wieder nehme. Niemand nimmt es von mir, sondern ich lasse es von mir aus. Ich habe Vollmacht, es zu lassen, und habe Vollmacht, es wieder zu nehmen. Diesen Auftrag habe ich von meinem Vater empfangen."[5]

„Denn wenn durch die Übertretung des Einen die Vielen gestorben sind, wieviel mehr ist die Gnade Gottes und das Gnadengeschenk durch den einen Menschen Jesus Christus in überströmendem Maß zu den Vielen gekommen."[6]

„Wenn wir aber mit Christus gestorben sind, so glauben wir, dass wir auch mit ihm leben werden, da wir wissen, dass Christus, aus den Toten auferweckt, nicht mehr stirbt; der Tod herrscht nicht mehr über ihn."[7]

War das leicht für Jesus? Nein, denn Er ist nicht nur der Sohn Gottes, sondern auch durch und durch Mensch. So wie wir uns

---

[5] Joh 10,17-18
[6] Röm 5,15
[7] Röm 6,8-9

in die Priester hineinversetzen können, die gewiss mit großer Angst in den Jordan gingen, hatte auch Jesus Christus große Angst. Kann es denn keinen anderen Weg geben?

„Und er sprach zu ihnen: Meine Seele ist tief betrübt bis zum Tod. Bleibt hier und wacht! Und er ging ein wenig weiter, warf sich auf die Erde und betete, dass, wenn es möglich wäre, die Stunde an ihm vorüberginge. Und er sprach: Abba, Vater! Alles ist dir möglich; nimm diesen Kelch von mir! Doch nicht, was ich will, sondern was du willst [geschehe]!"[8]

So wie wir alle natürlich Angst haben, wenn es zur letzten Reise geht, war auch der Herr zu Tode betrübt. Das heißt, Er weiß genau, wie es Dir und mir dabei geht. Aber Er wusste auch, dass Er allein den Schlüssel hat, um die Tore des Totenreichs für uns zu öffnen[9] und die

---

[8] Mk 14,34-36
[9] Vgl. Offb 1,18

Gefangenen seit Adam daraus zu befreien. Als Sein Freund Lazarus gestorben war, weinte auch Er vor Trauer, aber im Wissen um diesen Schlüssel konnte er die hinterbliebenen Schwestern Maria und Martha trösten:

„Jesus spricht zu ihr: Ich bin die Auferstehung und das Leben. Wer an mich glaubt, wird leben, auch wenn er stirbt; und jeder, der lebt und an mich glaubt, wird in Ewigkeit nicht sterben. Glaubst du das? Martha spricht zu ihm: Ja, Herr! Ich glaube, dass du der Christus bist, der Sohn Gottes, der in die Welt kommen soll.“[10]

Glaubst Du das auch? Was heißt glauben? Das heißt, dass wir so wie die Israeliten der Bundeslade gefolgt sind, wir Jesus Christus folgen. Ja, der Fluss ist trocken. Aber wer sagt uns, dass er nicht gerade in dem Moment zurückströmt, wenn wir das Flussbett betreten? Gottes Wort und Zusage. Glauben heißt also, darauf zu

---

[10] Joh 11,25-27

vertrauen, was Gott sagt und deshalb zu tun, was Gott sagt. Du hast gesehen, wie es Israel ergangen ist. Und es gibt sogar einen Beweis dafür:

Am anderen Ufer machten sie einen Lagerplatz und richteten dort ein Denkmal auf:

„Es geschah aber, nachdem das ganze Volk vollends über den Jordan gezogen war, dass der Herr zu Josua redete und sprach: Nehmt euch aus dem Volk zwölf Männer, aus jedem Stamm einen Mann, und gebietet ihnen und sprecht: Hebt hier zwölf Steine auf, mitten aus dem Jordan, von dem Ort, wo die Füße der Priester gestanden haben, und bringt sie mit euch hinüber und legt sie nieder in dem Nachtlager, wo ihr diese Nacht verbringen werdet! … Und Josua richtete die zwölf Steine, die sie aus dem Jordan genommen hatten, in Gilgal auf."[11]

---

[11] Jos 4,1-3+20

Diesen Ort Gilgal gibt es bis heute und man kann den Lagerplatz noch deutlich erkennen. Ebenso gibt es noch das leer Grab, aus dem Jesus Christus heraus auferstanden ist.

Der Weg ist frei, sodass wir alle trockenen Fußes und sicher die Heimreise antreten dürfen, wo uns ein liebender, barmherziger Vater erwartet.

Dass dabei auch oft ein schmerzhafter dunkler Weg hinter uns liegen mag, ist Ihm nicht verborgen. Das will ich Dir auch noch nahebringen:

Aus schweren Zeiten heimkommen

Wir gehören zu einer Generation, deren Großeltern noch so manch traurige Geschichte zu erzählen wussten. Oft war es so schlimm in ihrem Leben, dass sie darüber nur schweigen wollten. Wie mein Großvater, der uns nie erzählte, dass er im KZ war und wie es ihm dort ergangen ist. Von den rund eintausend Deportierten, die gemeinsam mit ihm nach Riga verschleppt worden waren, überlebten nur dreißig. Er war einer dieser Wenigen. Andere kamen nach dem Krieg als Heimatvertriebene aus Böhmen und Mähren nach Österreich mit nicht mehr als dem, was sie mit Händen tragen konnten. Viele starben auf den strapaziösen Märschen an Entkräftung.

Hast Du auch viel Schweres erlebt? Viele haben alles verloren, und wenn sie Bilanz über ihr Leben ziehen, dann scheint es ihnen, als hätte es nur Leid, Verdruss und

Verlust gegeben. Es gibt Länder, da lässt es sich auch heute nicht gut leben, weshalb viele auswandern auf der Suche nach einem Stück Glück. Wer den Blick auf die eigentliche Heimat richtet, kommt leichter durch, denn er weiß, in welche Richtung es gehen muss. Nicht nach Westen, Osten, Norden oder Süden, sondern nach oben. Und so wird es sein, wenn sie ankommen:

„Nach diesem sah ich, und siehe, eine große Schar, die niemand zählen konnte, aus allen Nationen und Stämmen und Völkern und Sprachen; die standen vor dem Thron und vor dem Lamm, bekleidet mit weißen Kleidern, und Palmzweige waren in ihren Händen. Und sie riefen mit lauter Stimme und sprachen: Das Heil ist bei unserem Gott, der auf dem Thron sitzt, und bei dem Lamm! Und alle Engel standen rings um den Thron und um die Ältesten und die vier lebendigen Wesen und fielen vor dem Thron auf ihr Angesicht und beteten Gott an und sprachen: Amen! Lob und Herrlichkeit und Weisheit und Dank und Ehre

und Macht und Stärke gebührt unserem Gott von Ewigkeit zu Ewigkeit! Amen.

Und einer von den Ältesten ergriff das Wort und sprach zu mir: Wer sind diese, die mit weißen Kleidern bekleidet sind, und woher sind sie gekommen? Und ich sprach zu ihm: Herr, du weißt es! Und er sprach zu mir: Das sind die, welche aus der großen Drangsal kommen; und sie haben ihre Kleider gewaschen, und sie haben ihre Kleider weiß gemacht in dem Blut des Lammes. Darum sind sie vor dem Thron Gottes und dienen ihm Tag und Nacht in seinem Tempel; und der auf dem Thron sitzt, wird sein Zelt aufschlagen über ihnen. Und sie werden nicht mehr hungern und nicht mehr dürsten; auch wird sie die Sonne nicht treffen noch irgend eine Hitze; denn das Lamm, das inmitten des Thrones ist, wird sie weiden und sie leiten zu lebendigen Wasserquellen, und Gott wird abwischen alle Tränen von ihren Augen."[12]

---

[12] Offb 7,9-17

Stell Dir das vor! Jesus Christus selbst, das Lamm Gottes, nimmt ein Taschentuch, um Deine Tränen zu trocknen. Er weiß, Du hast sehr viel Schlimmes erlebt, aber Er sagt auch: all das wirst Du nie wieder erleiden müssen. Und Er hat selbst viel Schlimmes erleiden müssen, als Er in der Welt war. Darum kann Er mitfühlen und weiß wie es uns geht. Darum lädt Er uns auch ein, uns an Ihn zu wenden in unseren Schmerzen, Leiden und Nöten.

„Daher musste er in jeder Hinsicht den Brüdern ähnlich werden, damit er ein barmherziger und treuer Hoherpriester würde in dem, was Gott betrifft, um die Sünden des Volkes zu sühnen; denn worin er selbst gelitten hat, als er versucht wurde, kann er denen helfen, die versucht werden."[13]

„Da wir nun einen großen Hohenpriester haben, der die Himmel durchschritten hat, Jesus, den Sohn Gottes, so lasst uns festhalten an dem Bekenntnis! Denn wir haben nicht

---

[13] Heb 2,17-18

einen Hohenpriester, der kein Mitleid haben könnte mit unseren Schwachheiten, sondern einen, der in allem versucht worden ist in ähnlicher Weise wie wir, doch ohne Sünde. So lasst uns nun mit Freimütigkeit hinzutreten zum Thron der Gnade, damit wir Barmherzigkeit erlangen und Gnade finden zu rechtzeitiger Hilfe!"[14]

Darum ist Seine Einladung kein billiges Trostpflaster, sondern Verheißung:

„Kommt her zu mir alle, die ihr mühselig und beladen seid, so will ich euch erquicken! Nehmt auf euch mein Joch und lernt von mir, denn ich bin sanftmütig und von Herzen demütig; so werdet ihr Ruhe finden für eure Seelen! Denn mein Joch ist sanft und meine Last ist leicht."[15]

Das ist eine Einladung, zu Ihm zu kommen, eine Einladung zum Gebet. Viele Leute haben ihr Leben lang nie gebetet.

---

[14] Heb 4,14-16
[15] Mat 11,28-30

Manche, weil sie gar nicht glauben konnten oder wollten, dass es da einen gibt, der hört. Manche, weil sie das als Schwäche ansahen und alles selbst schaffen wollten. Andere kamen sich komisch vor dabei; als ob sie Selbstgespräche führten. Andere wussten einfach nicht wie, oder schämten sich, weil ihnen die „kirchlichen Worte" so „schwülstig" und aufgesetzt vorkamen. Andere haben es probiert, aber rasch aufgegeben, weil es nicht so kam, wie sie es sich erhofften. Sehr viele aber haben auch erlebt, dass ihr Beten auf offene Ohren traf und ihnen geholfen wurde. Wie ist das bei Dir?

Es ist nicht so schwer. Da gab es zum Beispiel eine Frau, die hieß Hanna, und sie hatte keine Kinder. Von ihr wird berichtet:

„Sie aber, betrübt, wie sie war, betete zum Herrn und weinte sehr. Und sie legte ein Gelübde ab und sprach: Herr der Heerscharen, wenn du das Elend deiner Magd ansehen und an mich gedenken und deine Magd nicht

vergessen wirst und deiner Magd einen Sohn geben wirst, so will ich ihn dem Herrn geben, so lange er lebt, und kein Schermesser soll auf sein Haupt kommen! Während sie nun lange vor dem Herrn betete, beobachtete Eli [der Priester, der dies beobachtete] ihren Mund. Hanna aber redete in ihrem Herzen; nur ihre Lippen bewegten sich, doch so, dass man ihre Stimme nicht hörte."[16]

Hanna betete von Herzen. Sie weinte sogar. Sie sprach mit ganz einfachen Worten, aber auch so leise, dass es niemand als Gott allein hören konnte. Sie gab Gott ein Versprechen. Das haben viele gemacht. Man muss Gott kein Versprechen geben, aber oft ist es ein tiefes Anliegen der Dankbarkeit: Wenn Du mir hilfst, dann will ich gerne dies und das für Dich tun. Wichtig ist, dass man dann auch tut, was man versprochen hat.

---

[16] 1.Sam 1,10-13

Für mich war es eine große Überraschung, als ich junge Menschen in einer Jugendbibelstunde so ganz einfach beten hörte. Ohne „Kirchensprache" oder „schwülstige" Ausdrucksweise, sondern frei vom Herzen in ihrem jeweiligen Dialekt. Jesus Christus lehrt uns, Gott als Vater anzureden, denn das will Er uns werden. „Vater" ist eine sehr vertrauliche Anrede für den Schöpfer des Himmels und der Erde, aber Du hast ja bereits gehört, dass Er sehr barmherzig und versöhnlich ist und sich selbst nichts mehr wünscht, als dass wir aus freien Stücken zu im heimkommen, um als Seine Kinder aufgenommen zu werden. Wir, die wir Gott entfremdet sind, dürfen Ihn als Vater kennenlernen, weil die „Bundeslade" Jesus Christus uns einen Weg zu Ihm gebahnt hat.

Das hat Er gesagt: *„Euer Herz erschrecke nicht! Glaubt an Gott und glaubt an mich! Im Haus meines Vaters sind viele Wohnungen; wenn nicht, so hätte ich es euch gesagt. Ich* *gehe hin, um euch eine Stätte zu bereiten. Und wenn ich hingehe und euch eine Stätte bereite, so komme ich wieder und werde euch zu mir nehmen, damit auch ihr seid, wo ich bin. Wohin ich aber gehe, wisst ihr, und ihr kennt den Weg. Thomas spricht zu ihm: Herr, wir wissen nicht, wohin du gehst, und wie können wir den Weg kennen? Jesus spricht zu ihm: Ich bin der Weg und die Wahrheit und das Leben; niemand kommt zum Vater als nur durch mich!"*[17]

Und darum müssen wir uns nicht fürchten, denn die Zusage gilt, wenn wir unser Vertrauen auf Ihn setzen. Manche Leute sind aber über ihr schweres Leben so verbittert, dass sie Gott Vorwürfe darüber machen und meinen, Er müsste sich bei Ihnen entschuldigen. Doch Er selbst hat sich als Mensch denselben Leiden und sogar dem Tod unterworfen! Darum wird Er sich nicht entschuldigen, denn es ist ja nicht Seine Schuld, was die Sünde und

---

[17] Joh 14,1-6

Bosheit der Menschen angerichtet hat. Was Er tun wird, ist jedoch ungleich besser:

„Und ich sah einen neuen Himmel und eine neue Erde; denn der erste Himmel und die erste Erde waren vergangen, und das Meer gibt es nicht mehr. Und ich, Johannes, sah die heilige Stadt, das neue Jerusalem, von Gott aus dem Himmel herabsteigen, zubereitet wie eine für ihren Mann geschmückte Braut. Und ich hörte eine laute Stimme aus dem Himmel sagen: Siehe, das Zelt Gottes bei den Menschen! Und er wird bei ihnen wohnen; und sie werden seine Völker sein, und Gott selbst wird bei ihnen sein, ihr Gott. Und Gott wird abwischen alle Tränen von ihren Augen, und der Tod wird nicht mehr sein, weder Leid noch Geschrei noch Schmerz wird mehr sein; denn das Erste ist vergangen. Und der auf dem Thron saß, sprach: Siehe, ich mache alles neu!" [18]

---

[18] Offb 1,1-5

Es gibt eine Garantie, dass das, was wir für vielleicht siebzig oder achtzig Jahre erleiden mussten, sich nie mehr wieder wiederholen wird. In Ewigkeit nicht, und das reduziert im Verhältnis gesehen sämtliche Leiden auf weniger als einen kleinen Nadelstich.

„Darum lassen wir uns nicht entmutigen; sondern wenn auch unser äußerer Mensch zugrundegeht, so wird doch der innere Tag für Tag erneuert. Denn unsere Bedrängnis, die schnell vorübergehend und leicht ist, verschafft uns eine ewige und über alle Maßen gewichtige Herrlichkeit, da wir nicht auf das Sichtbare sehen, sondern auf das Unsichtbare; denn was sichtbar ist, das ist zeitlich; was aber unsichtbar ist, das ist ewig."[19]

Wie herrlich wird es werden? Hast Du eine Vorstellung davon? Lass mich Dir ein paar Ausblicke geben:

---

[19] 2.Kor 4,16-18

Alles, nur kein Wolkenkuckucksheim

Wie gelangweilt war doch jener Münchner, als er in den Himmel kam. Da saß er auf seiner Wolke, man verpasste ihm eine goldene Harfe. „Halleluja!", sollte er singen, immer nur: „Hallelujah!" Wie langweilig! Wie sehr sehnte er sich nach dem Hofbräuhaus. Da war etwas los! Da war Freude und Glückseligkeit!

Viele stellen sich den Himmel so vor, wie in dieser traurigen Satire. Es könnte nicht weiter von der Wirklichkeit entfernt sein. Ich will Dir hier ein paar Ausblicke geben, welche die Propheten uns im Lauf der Zeit offenbart haben:

„Denn siehe, ich schaffe einen neuen Himmel und eine neue Erde, so dass man an die früheren nicht mehr gedenkt und sie nicht mehr in den Sinn kommen werden; sondern

ihr sollt euch allezeit freuen und frohlocken über das, was ich erschaffe." [20]

„Wir erwarten aber nach seiner Verheißung neue Himmel und eine neue Erde, in denen Gerechtigkeit wohnt." [21]

Es geht also nicht nur um einen Himmel mit flauschigen Schäfchenwolken, sondern um eine vollwertige, vollständige und vollkommene neue Schöpfung von Himmel und Erde. Stell Dir das vor! Ist diese Schöpfung schon herrlich und wunderschön, wie wird die kommende Welt sein? Befreit und gereinigt von allem, was diese Welt so traurig, vergänglich und gefährlich macht. Kurz, all das, was die Sünde samt ihren Konsequenzen in dieser Schöpfung angerichtet hat, wird es nie wieder geben.

Der Prophet Jesaja sah etwas von der neuen Welt:

---

[20] Jes 65,17-18
[21] 2.Petr 3,13

„Ja, es wird geschehen am Ende der Tage, da wird der Berg des Hauses des Herrn festgegründet stehen an der Spitze der Berge, und er wird erhaben sein über alle Höhen, und alle Heiden werden zu ihm strömen. Und viele Völker werden hingehen und sagen: »Kommt, lasst uns hinaufziehen zum Berg des Herrn, zum Haus des Gottes Jakobs, damit er uns belehre über seine Wege und wir auf seinen Pfaden wandeln!« Denn von Zion wird das Gesetz ausgehen und das Wort des Herrn von Jerusalem. Und er wird Recht sprechen zwischen den Heiden und viele Völker zurechtweisen, so dass sie ihre Schwerter zu Pflugscharen schmieden werden und ihre Speere zu Rebmessern; kein Volk wird gegen das andere das Schwert erheben, und sie werden den Krieg nicht mehr erlernen."[22]

Es wird geschehen. So wird es sein, und das ist wirklich gut. Gott wird in Seiner ganzen Gerechtigkeit, Barmherzigkeit und Liebe über die Menschen regieren,

---

[22] Jes 2,1-4

die mit Christus über den Jordan gegangen sind. Da wird es keinen Streit mehr geben zwischen den Nationen, keinen Krieg mehr. Die Schwerter werden zu Pflugscharen, die Speere zu Rebmessern. Globaler Friede unter göttlicher Gesetzgebung, wo keine Ungerechtigkeit mehr zu finden sein wird.

Wenn Dir das gefällt, wenn Du das erstrebst und haben willst, dann kannst Du heute damit beginnen. Sei friedfertig, sei versöhnlich, sei liebevoll! So können wir zumindest in unserem Umfeld ein Stück des Himmels auf die Erde holen und dem Vater zeigen, dass wir aus ganzem Herzen die Heimreise angetreten haben. Es ist ja so, dass wir oft noch Streit und Verletzungen mit uns herumtragen. Vielleicht fällt Dir etwas ein, wo jemand Dir Unrecht getan hat. Du kannst den Frieden Gottes in diesen Konflikt bringen, indem Du vergibst, weil Du weißt, dass auch Dir der himmlische Vater barmherzig ist.

Vielleicht hast aber auch Du „Dreck am Stecken", eine Schuld, die Du seit Jahren mit Dir herumschleppst und die Dein Gewissen belastet. Von der vielleicht nur Gott und Du etwas wissen. Sag es dem himmlischen Vater jetzt, wie der verlorene Sohn es ausgesprochen hat: *„Vater, ich habe gesündigt gegen den Himmel und vor dir, und ich bin nicht mehr wert, dein Sohn zu heißen!"* Und sei Dir gewiss, der Vater wird Dich ebenso herzlich empfangen wie den verlorenen Sohn. Wenn es möglich ist, sich auch bei dem Menschen zu entschuldigen, so hab keine Scheu davor. Wie würdest Du reagieren, wenn sich jemand bei Dir entschuldigen will? Würdest Du ihm nicht auch gerne verzeihen? Mach es wie der Vater im Himmel und erweise Dich so als sein wahres Kind.

Der Prophet Micha sah auch etwas von der kommenden Welt, auf das ich mich selbst sehr freue:

„Jedermann wird unter seinem Weinstock und unter seinem Feigenbaum sitzen, und niemand wird ihn aufschrecken; denn der Mund des Herrn der Heerscharen hat es geredet!"[23]

Wie schön ist es, im Schatten eines Baumes sitzen zu dürfen, ein Glas Wein oder Most aus dem eigenen Weingarten in der Hand! Seit dem verlorenen Garten Eden träumen wir von einem solchen Garten, den wir bebauen und genießen dürfen. Gefällt Dir das auch? Gott hat es versprochen, und Er kann nicht lügen.

Niemand wird uns aufschrecken! Es gibt keine Störenfriede mehr. Darum kommen auch nur jene in das Reich Gottes hinein, die allem Streit abgesagt haben, die friedfertig und sanftmütig sind. So hat der Herr Jesus es gelehrt:

„Glückselig sind die geistlich Armen, denn ihrer ist das Reich der Himmel!

---

[23] Mi 4,4

Glückselig sind die Trauernden, denn sie sollen getröstet werden!

Glückselig sind die Sanftmütigen, denn sie werden das Land erben!

Glückselig sind, die nach der Gerechtigkeit hungern und dürsten, denn sie sollen satt werden!

Glückselig sind die Barmherzigen, denn sie werden Barmherzigkeit erlangen!

Glückselig sind, die reinen Herzens sind, denn sie werden Gott schauen!

Glückselig sind die Friedfertigen, denn sie werden Söhne Gottes heißen!

Glückselig sind, die um der Gerechtigkeit willen verfolgt werden, denn ihrer ist das Reich der Himmel!

Glückselig seid ihr, wenn sie euch schmähen und verfolgen und lügnerisch jegliches böse Wort gegen euch reden um meinetwillen! Freut euch und jubelt, denn euer Lohn ist groß im Himmel; denn ebenso haben sie die

Propheten verfolgt, die vor euch gewesen sind."[24]

Es werden also nicht alle Menschen in Gottes neue Welt kommen. Die Störenfriede werden nicht eingelassen. Was stört den Frieden? Jede Lüge, jedes böse Wort, jeder verächtliche Gedanke, jede Untreue, jede Gewalttat, jedes Neidgefühl, jede Gottesverachtung, jeder Raub. Kurz, alles, was den zehn Geboten Gottes und der Bergpredigt widerspricht.

Es ist gut und wichtig, dass die, die von solchen Sünden nicht lassen wollen, nicht in Gottes Reich hineinkommen. Ansonsten würde sich das Leid, das wir einander antun, dort wiederholen und in Ewigkeit fortsetzen. Würde Dir das gefallen? Wäre es dann noch ein Ort des Friedens? Gäbe es dann nicht wieder unzählige Tränen?

---

[24] Mat 5,3-12

Johannes sah eine wunderschöne Stadt, jene Stadt, in der der Herr unsere Wohnungen bereitet:

„Und er brachte mich im Geist auf einen großen und hohen Berg und zeigte mir die große Stadt, das heilige Jerusalem, die von Gott aus dem Himmel herabkam, welche die Herrlichkeit Gottes hat. Und ihr Lichtglanz gleicht dem köstlichsten Edelstein, wie ein kristallheller Jaspis. Und sie hat eine große und hohe Mauer und zwölf Tore, und an den Toren zwölf Engel, und Namen angeschrieben, nämlich die der zwölf Stämme der Söhne Israels. Von Osten her gesehen drei Tore, von Norden drei Tore, von Süden drei Tore, von Westen drei Tore. Und die Mauer der Stadt hatte zwölf Grundsteine, und in ihnen waren die Namen der zwölf Apostel des Lammes."[25]

Kennst Du die zwölf Apostel und die zwölf Stämme Israels? Die zwölf Stämme Israels sind Gottes Volk, und jeder – auch jeder Nichtjude! – gehört dazu, der an den

---

[25] Offb 21,10-14

verheißenen Erlöser aus Israel, Jesus Christus glaubt. Die zwölf Apostel hat der Herr Jesus ausgewählt, damit sie allen Menschen von Jesus Christus zu erzählen. Darum sind diese alle die Grundsteine und Tore zur Stadt. Jesus sagt von sich:

„Ich bin die Tür. Wenn jemand durch mich hineingeht, wird er gerettet werden und wird ein- und ausgehen und Weide finden."[26]

Das ist derselbe Gedanke wie bei der Bundeslade. Die Bundeslade ging uns voraus in den Jordan, damit wir hindurch gehen können ins verheißene Land. Genauso ist Er die Tür zum ewigen Leben. Johannes beschreibt uns diese Stadt weiter:

„Und einen Tempel sah ich nicht in ihr; denn der Herr, Gott der Allmächtige, ist ihr Tempel, und das Lamm. Und die Stadt bedarf nicht der Sonne noch des Mondes, dass sie in ihr

---

[26] Joh 10,9

scheinen; denn die Herrlichkeit Gottes erleuchtet sie, und ihre Leuchte ist das Lamm. Und die Heidenvölker, die gerettet werden, werden in ihrem Licht wandeln, und die Könige der Erde werden ihre Herrlichkeit und Ehre in sie bringen. Und ihre Tore sollen niemals geschlossen werden den ganzen Tag; denn dort wird keine Nacht sein. Und man wird die Herrlichkeit und die Ehre der Völker in sie bringen."[27]

Ein Freund von mir hat diese Stadt gesehen. Ich weiß nicht mehr, ob es Traum oder ein Nahtoderlebnis war. Er erzählte, dass er dorthin wie außerhalb seines Körpers flog und sie in all ihrer Pracht erblickte. Da hörte er eine Stimme zu ihm sagen: „Das ist für dich bereitet." Als er wieder bei sich war, las er in der Bibel die Stellen nach und erkannte die Stadt wieder: „Das ist die Stadt! Ich habe das himmlische Jerusalem gesehen!" Und da wollte er hin.

---

[27] Offb 21,22-26

Also tat er alles, was zu tun war, um dorthin zu gelangen, und änderte sein Leben, indem er begann, sein ganzes Vertrauen auf Jesus Christus zu setzen. Denn er las auch, wer nicht in diese Stadt kommen würde:

„Und es wird niemals jemand in sie hineingehen, der verunreinigt, noch jemand, der Gräuel und Lüge verübt, sondern nur die, welche geschrieben stehen im Buch des Lebens des Lammes."[28]

„Glückselig sind, die seine Gebote tun, damit sie Anrecht haben an dem Baum des Lebens und durch die Tore in die Stadt eingehen können. Draußen aber sind die Hunde und die Zauberer und die Unzüchtigen und die Mörder und die Götzendiener und jeder, der die Lüge liebt und tut."[29]

Liebst Du die Lüge? Du liebst es sicher nicht, selbst belogen zu werden. In Gottes

---

[28] Offb 21,27
[29] Offb 22,14-15

Reich gibt es das nicht mehr, denn niemand, der die Lüge liebt oder sonstige Sünden, wird dort eingelassen.

Bist Du im „Buch des Lammes" aufgeschrieben? Was bedeutet das?

Erstens, und das ist wunderbar: Jesus Christus schreibt sich auf, wer zu Ihm gehört und sich zu Ihm bekennt. Ich verstehe es so: Damit versichert Er mir, dass Er nicht auf mich vergisst. Nicht, dass Er vergesslich wäre, aber damit ich mir ganz sicher sein kann, schreibt Er mich auf.

Zweitens, es ist eine Einladung: Er will Dich in die Schar derer aufnehmen, denen Er ein himmlisches Fest bereitet hat. Es wird wie eine gewaltige Hochzeitsfeier. Das muss ich Dir auch erzählen:

Ein himmlisches Fest

Du kennst es wahrscheinlich: Ein guter Freund macht ein Fest und hat alle seine Freunde dazu eingeladen, aber aus irgendeinem Grund hat er auf dich vergessen. Das schmerzt. Vielleicht hatte er auch einen Grund, und Du kannst Dich erinnern. Vielleicht hast Du ihn als Freund einmal enttäuscht und er ist nachtragend.

Gott ist hier ganz anders: Er will ausdrücklich jeden einladen, Er will Dich unbedingt dabei haben. Mich ebenso. Diese Geschichte erzählte Jesus Christus, um uns zu versichern, dass es wirklich so ist:

„Das Reich der Himmel gleicht einem König, der für seinen Sohn das Hochzeitsfest veranstaltete. Und er sandte seine Knechte aus, um die Geladenen zur Hochzeit zu rufen; aber sie wollten nicht kommen. Da sandte er nochmals andere Knechte und sprach: Sagt den Geladenen: Siehe, meine Mahlzeit habe ich bereitet; meine Ochsen und das Mastvieh sind geschlachtet, und alles ist bereit; kommt zur

*Hochzeit! Sie aber achteten nicht darauf,
sondern gingen hin, der eine auf seinen Acker,
der andere zu seinem Gewerbe; die übrigen
aber ergriffen seine Knechte, misshandelten
und töteten sie."*[30]

Die Knechte, die der König mit der
Einladung aussandte, waren die Propheten und zuletzt Sein eigener Sohn Jesus
Christus. Nicht nur, dass sie die Einladung ausschlugen, sie empfanden die
Einladung als eine unerträgliche Störung
ihres eigenen Lebens. Eine königliche
Einladung zu einem königlichen Fest soll
eine unwillkommene Störung sein? Wer
würde dafür nicht alles liegen und stehen
lassen?

Aber wie viele hörten das Evangelium
und wiesen es ab? So viel im Leben scheint
uns wichtiger zu sein als diese große Ehre,
als Gast zum Fest des Königs geladen zu
sein:

---

[30] Mat 22,2-6

„Und sie fingen alle einstimmig an, sich zu entschuldigen. Der erste sprach zu ihm: Ich habe einen Acker gekauft und muss unbedingt hinausgehen und ihn ansehen; ich bitte dich, entschuldige mich! Und ein anderer sprach: Ich habe fünf Joch Ochsen gekauft und gehe hin, um sie zu erproben; ich bitte dich, entschuldige mich! Wieder ein anderer sprach: Ich habe eine Frau geheiratet, darum kann ich nicht kommen!"[31]

Wie ist das bei Dir? Hast Du schon von dieser Einladung und diesem Fest gehört? Wenn nicht, dann ist das sehr schade, denn es gibt dem ganzen Leben einen Grundton der Vorfreude. So groß ist diese Vorfreude, dass man eigentlich gar nicht mehr missmutig sein kann. So stark ist diese Freude, dass sie alle Widerwärtigkeiten des Lebens bei weitem aufwiegt. Aber es leider so, dass die Einladung meist unter der Kutte freudloser Religion

---

[31] Lk 14,18-20

an uns herangetragen wird. In lebens-
fremder Kirchensprache, die unser Herz
nicht erreicht. So wissen die meisten nicht,
was ihnen entgeht!

Es ist aber nicht Gott, der uns von diesem
Fest ausschließt. Wir sind es, wenn wir die
Einladung aus noch so scheinbar guten
Gründen ausschlagen oder auf den Sankt
Nimmerleinstag verschieben. Wir schlie-
ßen uns selbst aus, wenn wir die Einla-
dung nicht annehmen.

Gott lässt aber nicht locker. Er schickt
neue Boten aus:

*„Dann sprach er zu seinen Knechten: Die
Hochzeit ist zwar bereit, aber die Geladenen
waren nicht würdig. Darum geht hin an die
Kreuzungen der Straßen und ladet zur Hochzeit ein, so viele ihr findet! Und jene Knechte
gingen hinaus auf die Straßen und brachten
alle zusammen, so viele sie fanden, Böse und*

Gute, und der Hochzeitssaal wurde voll von Gästen."[32]

Jeder, der ein Geladener ist, wird selbst zu einem Einladenden, denn der König will jeden dabeihaben. Darum darf jeder diese Einladung weitergeben und ausrufen: „Komm mit! Der König macht ein Fest, und wir alle dürfen kommen!"

Dazu müssen wir nicht zuerst gut sein. Die Bösen sind auch eingeladen, indem Jesus Christus uns dasselbe sagt, was Er zur auf frischer Tat ertappten Ehebrecherin gesagt hat. Stell Dir vor, die Pharisäer wollten sie dafür sogar steinigen lassen! Unvergessen ist die Antwort, die Jesus ihnen gab: *„Wer unter euch ohne Sünde ist, der werfe den ersten Stein auf sie!"*[33] Da sind sie einer nach dem anderen beschämt nach Hause gegangen. Jesus und die Ehebrecherin waren allein. *„Frau, wo sind jene,*

---

[32] Mat 22,8-10
[33] Joh 8,7

deine Ankläger? Hat dich niemand verurteilt? Sie sprach: Niemand, Herr! Jesus sprach zu ihr: So verurteile ich dich auch nicht. Geh hin und sündige nicht mehr!"[34]

So barmherzig und versöhnlich ist Gott. Ehebruch ist eine sehr schmerzhafte Sünde. Sie ist sehr verletzend. Sie zerstört Vertrauen. Man fühlt sich selbst danach schmutzig und verachtenswürdig. Aber alles ist weg mit nur einem Satz: *„So verurteile ich dich auch nicht."* Und, das gehört dazu: *„Geh hin und sündige nicht mehr."* Mach das nicht mehr. Tu es nie wieder. Es ist wahr, was an anderer Stelle geschrieben steht: *„Denn wenn wir uns selbst richteten, würden wir nicht gerichtet werden."*[35] Wer reumütig zum Vater umkehrt wie der verlorene Sohn, dem macht der Vater keine Vorwürfe mehr.

Die Einladung zum Fest geht einher mit der Einladung zur Barmherzigkeit. Wir

---

[34] Joh 8,10-11
[35] 1.Kor 11,31

werden frei von der Schuld und der Scham der Sünde, ebenso wie von der Zwanghaftigkeit zur Sünde. Wir wollen das nicht mehr tun, und wir brauchen es nicht mehr zu tun. Es schadet uns, es schadet anderen, es tut weh. Wie wohltuend aber ist es, davon frei zu werden. Das ist die Erlösung, die Jesus meint. So lässt es sich gut feiern. Fröhlich und dankbar.

„Ich sage euch aber: Viele werden kommen vom Osten und vom Westen und werden im Reich der Himmel mit Abraham, Isaak und Jakob zu Tisch sitzen."[36]

Da will ich dabei sein. Stell Dir das vor! Da sitzen wir mit Abraham, Isaak und Jakob, sowie allen anderen, die vor uns im Glauben an Gott und Seinen Sohn Jesus Christus gelebt haben. Maria wird dort sein, Johannes, Paulus, Debora und Abigail. König David ebenso wie der sanftmütige Barnabas. Alle, die Jesus

---

[36] Mat 8,11

Christus in ihrem Leben vertrauten und folgten.

„Ihr seid gekommen zu dem Berg Zion und zu der Stadt des lebendigen Gottes, dem himmlischen Jerusalem, und zu Zehntausenden von Engeln, zu der Festversammlung und zu der Gemeinde der Erstgeborenen, die im Himmel angeschrieben sind, und zu Gott, dem Richter über alle, und zu den Geistern der vollendeten Gerechten, und zu Jesus, dem Mittler des neuen Bundes."[37]

Werden wir schweigend dasitzen und essen? Nein, da gibt es so viel zu erzählen! Und kein böses Wort mehr! Und keine Bitterkeit über böse Erfahrungen mehr! Abraham wird mich anschauen und mir als Bruder begegnen, Maria als Schwester. Mir fehlen die Worte und sogar die Vorstellungskraft, um zu beschreiben, wie schön das sein wird. Und dann kommt noch jemand hinzu, ohne den das Fest

---

[37] Heb 12,22-24

kein Fest wäre; ohne den es das Fest gar nicht gäbe:

„Wahrlich, ich sage euch: Ich werde nicht mehr von dem Gewächs des Weinstocks trinken bis zu jenem Tag, da ich es neu trinken werde im Reich Gottes."[38]

Das sagte Jesus Christus beim letzten Abendmahl, als Er von Seinen Jüngern Abschied nahm, am Vorabend Seiner Kreuzigung. Er war betrübt, aber nicht hoffnungslos. Er wusste, dass Er auferstehen würde. Er wusste, dass Sein schmerzhafter Weg in den Tod den Tod überwinden würde. Er freute sich darauf, dass die Apostel dann die Einladung zu Seinem Fest in der ganzen Welt verbreiten werden und dass der Festsaal gefüllt würde. Darum ist Er auch noch nicht wiedergekommen. Denn alle sollen es hören. Auch Du, denn Du bist auch eingeladen!

---

[38] Mk 14,25

Dann wird Er sich zu uns gesellen, das Glas erheben, den Becher des Heils, und mit uns anstoßen.

„Seht, welch eine Liebe hat uns der Vater erwiesen, dass wir Kinder Gottes heißen sollen! Darum erkennt uns die Welt nicht, weil sie Ihn nicht erkannt hat. Geliebte, wir sind jetzt Kinder Gottes, und noch ist nicht offenbar geworden, was wir sein werden; wir wissen aber, dass wir ihm gleichgestaltet sein werden, wenn er offenbar werden wird; denn wir werden ihn sehen, wie er ist. Und jeder, der diese Hoffnung auf ihn hat, reinigt sich, gleichwie auch Er rein ist."[39]

Wenn uns also so viel Freude, ja das Leben in all seiner Fülle erwartet, wollen wir dann nicht alles tun, was unsererseits dazu gehört? Aber was heißt das, sich zu reinigen im Hinblick auf diese Hoffnung. Das ist ganz einfach und geht so:

---

[39] 1.Joh 3,1-3

Hochzeitsvorbereitung

Wie bereitet sich eine Braut auf eine Hochzeit vor? Doch wohl nicht so: Sie macht sich die ganze Zeit über keine Gedanken über die Hochzeit oder ihren Bräutigam. „Wenn wir vor dem Altar stehen, werde ich schon sehen, ob es eine Hochzeit gibt." Also lässt sie es auf sich zukommen. Der Tag der Hochzeit ist gekommen. Der Bräutigam steht schon vor der Kirche, doch keine Spur von der Braut. Etwas Zeit gibt man jeder Braut, damit sie sich hübsch machen kann. Doch die Zeit vergeht. Der Bräutigam schaut nervöser werdend auf die Uhr. Er wartet schon über eine halbe Stunde. Er beginnt sich Sorgen zu machen. Schließlich schickt er einen der Trauzeugen zur Wohnung der Braut; vielleicht ist etwas passiert? Der Trauzeuge klopft an, die Braut öffnet. Sie sieht verschlafen aus. „Komm zur Hochzeit! Alle warten auf Dich!" Aus dem Schlafzimmer kommt die Stimme eines anderen Mannes: „Was ist, Schatz?" Wird die Hochzeit stattfinden? Was denkst Du?

Ich habe Leute sagen hören, dass sie ganz sicher an Gott glauben würden, wenn sie Ihm gegenüberstünden. Und so verschieben sie den Gedanken auf später und immer später und beschäftigen sich mit dem, was vor ihren Augen ist. Jetzt brauchen sie Ihn ja nicht. Jetzt ist Er ihnen egal.

Das Fest, um das es geht, ist aber ein Hochzeitsfest. Die Braut, um die es geht, das sind die Menschen, die Gott eingeladen hat. Der Bräutigam ist Sein Sohn Jesus.

Wie hast Du Dich auf Deine Hochzeit vorbereitet, falls Du je geheiratet hast? Sollte das nicht der schönste Tag im Leben sein? Wochen davor beginnt man doch zu planen und vorzubereiten. Der Bräutigam kauft sich einen schönen Anzug, die Braut lässt sich ein prachtvolles Hochzeitskleid schneidern. Die Gedanken sind stets beim zukünftigen Ehepartner, dem man sich in lebenslanger Liebe und Treue hingeben will.

So bereitet man sich auch auf das himmlische Fest vor, wenn man die Einladung ernst nimmt. In der Geschichte, die Jesus Christus erzählte, gab es einen, der sich nicht vorbereitet hat:

„Als aber der König hineinging, um sich die Gäste anzusehen, sah er dort einen Menschen, der kein hochzeitliches Gewand anhatte; und er sprach zu ihm: Freund, wie bist du hier hereingekommen und hast doch kein hochzeitliches Gewand an? Er aber verstummte. Da sprach der König zu den Dienern: Bindet ihm Hände und Füße, führt ihn weg und werft ihn hinaus in die äußerste Finsternis! Da wird das Heulen und Zähneknirschen sein."[40]

Weil da keine Liebe war. Weil da kein Interesse war. Weil da kein Glaube war. So begegnet man seinem Bräutigam nicht,

---

[40] Mat 22,11-13

und so wird man auch nicht geheiratet. Oder würdest Du jemanden heiraten, der Dir in allem, was er sagt und tut zeigt, dass Du ihm egal bist? Der dich mit Gleichgültigkeit oder gar Verachtung straft? Der andere Liebschaften pflegt?

Der König nannte ihn Freund. Er liebte ihn aufrichtig, aber es gab keine Gegenliebe. Darum hat er sich nicht vorbereitet. Vielleicht fragst Du Dich aber: „Ich weiß ja gar nicht, ob ich Jesus liebe. Was bedeutet das eigentlich? Ich sehe Ihn ja gar nicht!"

Das stimmt. Aber es gibt solche Ehen, wo die Braut den Bräutigam erst bei der Hochzeit sieht, und dennoch beginnt sie bereits davor, sich für ihn zu interessieren und auch zu begeistern. Als Abraham für seinen Sohn Isaak eine Braut suchte, sandte er seinen Knecht Eleazar als Brautwerber. Damals gab es keine Fotos und Web-Seiten, mit denen man sich heute vorstellen kann. Er konnte nur von Isaak erzählen:

„Er sprach: Ich bin ein Knecht Abrahams. Und der Herr hat meinen Herrn reichlich gesegnet, dass er groß geworden ist, denn er hat ihm Schafe und Rinder, Silber und Gold, Knechte und Mägde, Kamele und Esel gegeben. Dazu hat Sarah, die Frau meines Herrn, in ihrem Alter meinem Herrn einen Sohn geboren; dem hat er alles gegeben, was ihm gehört. … Und der Knecht zog silberne und goldene Schmuckstücke und Kleider hervor und gab sie Rebekka; auch ihrem Bruder und ihrer Mutter gab er Kostbarkeiten. … Und sie riefen Rebekka und sprachen zu ihr: Willst du mit diesem Mann ziehen? Sie antwortete: Ja, ich will mit ihm ziehen!"[41]

Du siehst, dass es hier keinen Zwang gab. Rebekka wurde gefragt; sie hätte auch ablehnen können. Was wäre ihr entgangen? Was hat sie andererseits dafür aufgeben müssen? Es ist fast wie bei Aschenputtel, wo eine einfache Dienstmagd die Braut des Prinzen wurde. Bei Jesus

---

[41] 1.Mose 24,34-36+53+58

Christus ist das aber kein Märchen, sondern ein ehrliches Angebot: Die kannst die Braut des Königs werden, die Königin! Genauer: Du kannst zur Braut des Königs gehören, denn die Braut ist die Gesamtzahl derer, welche die Einladung angenommen haben werden.

König David sah diese Braut und hat in einem Lied von ihr gesungen:

„Königstöchter stehen in deinem Schmuck, die Gemahlin zu deiner Rechten in Gold von Ophir. Höre, Tochter, schau her und neige dein Ohr; vergiss dein Volk und das Haus deines Vaters! Und wird der König deine Schönheit begehren – denn er ist dein Herr –, so huldige ihm!"[42]

Wer heiratet, verlässt das Elternhaus. In die Hochzeitsfreude wird sich darum immer der Abschiedsschmerz mischen, und nur wenn die Liebe zum Ehepartner größer als zum Elternhaus ist, wird es in

---

[42] Ps 45,10-12

der Regel zur Hochzeit kommen. So muss auch unsere Liebe zu Jesus Christus größer sein als zur Welt und unserem bisherigen Leben darin. Wir verlassen den Ort, an dem wir geboren und aufgewachsen sind. An dem wir erfolgreich waren und alt geworden sind. Wir wenden uns einer neuen, einer ewigen Heimat zu. Dass wir das Alte verlassen müssen, ist unvermeidbar. Dass wir zur Hochzeit gelangen, ist aber eine Entscheidung, die wir heute treffen. Heute, weil wir uns darauf in diesem Leben noch vorbereiten müssen, damit wir nicht wie der sind, der kein Hochzeitsgewand hatte und des Festsaales verwiesen werden musste.

Der erste Schritt der Vorbereitung ist die Reinigung, wie ich Dir schon vorgelesen habe: *„Und jeder, der diese Hoffnung auf ihn hat, reinigt sich, gleichwie auch Er rein ist."*[43]

---

[43] 1.Joh 3,3

Wir wollen sauber zur Hochzeit kommen. Was ist der Schmutz, um den es geht? Johannes erklärt es uns mit einladenden Worten:

„Und das ist die Botschaft, die wir von ihm gehört haben und euch verkündigen, dass Gott Licht ist und in ihm gar keine Finsternis ist. Wenn wir sagen, dass wir Gemeinschaft mit ihm haben, und doch in der Finsternis wandeln, so lügen wir und tun nicht die Wahrheit; wenn wir aber im Licht wandeln, wie er im Licht ist, so haben wir Gemeinschaft miteinander, und das Blut Jesu Christi, seines Sohnes, reinigt uns von aller Sünde. Wenn wir sagen, dass wir keine Sünde haben, so verführen wir uns selbst, und die Wahrheit ist nicht in uns. Wenn wir aber unsere Sünden bekennen, so ist er treu und gerecht, dass er uns die Sünden vergibt und uns reinigt von aller Ungerechtigkeit." [44]

Kannst Du Dir eingestehen, dass Du Vergebung der Sünden nötig hast? Das ist

---

[44] 1.Joh 1,5-9

gewissermaßen eine Hochzeitsbedin-
gung, denn die Liebe, die Jesus Christus
und Dich verbinden soll, gründet auf
Wahrheit und Aufrichtigkeit. Jesus ist wie
der Vater. Er macht keine Vorwürfe, wenn
man einsichtig ist. Er ist es denn auch, der
Seine Braut reinigt:

*„Christus hat die Gemeinde geliebt und sich
selbst für sie hingegeben, damit er sie heilige,
nachdem er sie gereinigt hat durch das Wasserbad im Wort, damit er sie sich selbst
darstelle als eine Gemeinde, die herrlich sei, so
dass sie weder Flecken noch Runzeln noch
etwas ähnliches habe, sondern dass sie heilig
und tadellos sei."*[45]

Dieses Wasserbad im Wort ist die Taufe.
Hier muss ich Dir etwas erklären, was
Dich vielleicht überraschen wird. Du
wirst es aber sicher gleich verstehen. Ganz
am Anfang, als der Herr Jesus Seine
Apostel aussandte, um alle Welt zum
Hochzeitsfest des Königs einzuladen,

---

[45] Eph 5,25-27

wäre es weder Ihm noch den Zwölfen in den Sinn gekommen, Unmündige zu taufen.

Weil es um eine Einladung geht, muss man antworten können – so wie Rebekka aus freien Stücken in die Hochzeit einwilligen musste.

Weil es um Sünde geht, muss man Einsicht haben – so wie der verlorene Sohn einsichtig und reumütig wurde. Ein kleines Kind hat aber weder selbst gesündigt, noch ist es reif genug, Schuld einzugestehen und zu bekennen. Die Kinder sind rein, und ihrer ist das Reich der Himmel,[46] sagte Jesus. Darum heißt es schon bei den ersten Taufen von Johannes dem Täufer:

„Und es ging zu ihm hinaus das ganze Land Judäa und die Bewohner von Jerusalem, und es

---

[46] Mat 19,14

wurden von ihm alle im Jordan getauft, die ihre Sünden bekannten."[47]

Weißt Du, was mit der Kindertaufe passiert ist? Man redet damit allen Menschen ein, Christ zu sein und in den Himmel zu kommen – aber kaum einer bereitet sich vor! Sie alle kommen ohne Hochzeitsgewand! Zeitlebens glauben sie, Christ zu sein, und meinen, deshalb ginge sie das alles nichts mehr an! Sie denken, die Taufe ist wie ein Gutschein, ein Freifahrtsschein in den Himmel, der ihnen nichts mehr abverlange.

Im Gegenteil! Die Taufe ist ein Bundesschluss mit Gott. Petrus sagt es so:

„Das Wasser, welches nun auch uns selig macht in der Taufe, die durch [die Arche in der Sintflut] angedeutet ist, nicht das Abtun des leiblichen Schmutzes, sondern der Bund eines

---

[47] Mk 1,5

guten Gewissens mit Gott durch die Auferstehung Jesu Christi."[48]

Ein Bund ist etwas, an dem zwei Personen beteiligt sind, die mündig genug sind, einen solchen Bund zu schließen. Im Blick auf die Hochzeit kommt die Taufe also einer Verlobung gleich, einer Entscheidung zur Braut Christi gehören zu wollen. Das ganze Leben nach der Taufe ist demnach eine Hochzeitsvorbereitung und ein Leben in Vorfreude!

In dieser Zeit willst Du Jesus kennen lernen! Du willst von Ihm lesen, was in den Evangelien steht. Du wirst Dich wundern. Du wirst staunen. Du wirst mehr und mehr begeistert sein über Deinen zukünftigen Ehemann! Was für ein Mensch! Was für ein Gott!

Gerne wirst du lernen, Seine Gebote zu halten, denn sie sind die besten Lebensregeln, die es gibt. Jesus sagte:

---

[48] 1.Petr 3,21, nach der LÜ, sprachlich modernisiert

„*Das ist mein Gebot, dass ihr einander liebt, gleichwie ich euch geliebt habe. Größere Liebe hat niemand als die, dass einer sein Leben lässt für seine Freunde. Ihr seid meine Freunde, wenn ihr tut, was immer ich euch gebiete. Ich nenne euch nicht mehr Knechte, denn der Knecht weiß nicht, was sein Herr tut; euch aber habe ich Freunde genannt, weil ich euch alles verkündet habe, was ich von meinem Vater gehört habe.*"[49]

Am Kreuz hat Er Seine Liebe zu uns bewiesen. Das war gewissermaßen Sein Heiratsantrag. Dieser liegt nun auch vor Dir, so wie Eleazar den Heiratsantrag Isaaks übermittelt hat. Und Du bist wie Rebekka. Willst Du den Antrag annehmen und zur Braut Christi gehören? Willst Du an Seiner Seite die Königin werden?

So wie Eleazar vom Reichtum und der Herrlichkeit der Familie Abrahams schwärmte und Rebekka so ihre neue Heimat vor Augen malte, habe ich mich

---

[49] Joh 15,12-15

bemüht, Dir die Schönheit der kommenden Welt vor Augen zu malen. Damit Du
nicht nur den unvermeidlichen Abschied
vor Augen hast, vor dem Du vielleicht
sogar Angst hast, sondern die Heimat, auf
die Du Dich von Herzen freuen kannst.

Wenn Du das willst, kannst Du die letzten
Vorbereitungen treffen:

Mach es fest!

Neben Jesus Christus hingen auch zwei andere an ihren Kreuzen. Das waren Verbrecher, und sie wussten es. Einer von ihnen redete verächtlich über Jesus, der andere wurde nachdenklich:

„Einer der gehängten Übeltäter aber lästerte ihn und sprach: Bist du der Christus, so rette dich selbst und uns! Der andere aber antwortete, tadelte ihn und sprach: Fürchtest auch du Gott nicht, da du doch in dem gleichen Gericht bist? Und wir gerechterweise, denn wir empfangen, was unsere Taten wert sind; dieser aber hat nichts Unrechtes getan! Und er sprach zu Jesus: Herr, gedenke an mich, wenn du in deiner Königsherrschaft kommst! Und Jesus sprach zu ihm: Wahrlich, ich sage dir: Heute wirst du mit mir im Paradies sein!"[50]

Beide Übeltäter wussten etwas vom Evangelium, aber sie haben bis zu diesem Zeitpunkt nicht daran gedacht, deshalb

---

[50] Lk 23,39-46

ihr Leben zu überdenken. Der eine verhärtete sein Herz völlig, der andere warf sich in seiner letzten Verzweiflung auf die Barmherzigkeit Jesu Christi. Er wurde nicht abgewiesen. Die Antwort, die Er ihm gab, war voll Gewissheit: *„Heute wirst du mit mir im Paradies sein!*

Du hast in diesem Büchlein wahrscheinlich mehr vom Evangelium gehört, als dieser reumütige Verbrecher. Er konnte nichts mehr an seinem Leben ändern. Dir aber bleiben vielleicht noch einige Wochen oder gar Jahre. Was hätte der Verbrecher nicht alles getan, wenn er eine zweite Chance zum Weiterleben bekommen hätte! Was würdest Du anders machen in Deinem Leben im Licht dieses Evangeliums?

Da gab es einen anderen Sünder, der war ein Zöllner und Steuereintreiber. Er war korrupt und bereicherte sich selbst, weshalb er bei allen Menschen verhasst war.

Jesus Christus aber wollte gerade bei ihm das Abendessen einnehmen:

„Als sie es aber sahen, murrten sie alle und sprachen: Er ist bei einem sündigen Mann eingekehrt, um Herberge zu nehmen! Zachäus aber trat hin und sprach zu dem Herrn: Siehe, Herr, die Hälfte meiner Güter gebe ich den Armen, und wenn ich jemand betrogen habe, so gebe ich es vierfältig zurück! Und Jesus sprach zu ihm: Heute ist diesem Haus Heil widerfahren, weil auch er ein Sohn Abrahams ist; denn der Sohn des Menschen ist gekommen, um zu suchen und zu retten, was verloren ist."[51]

Zachäus bemühte sich, in Ordnung zu bringen, was er falsch gemacht hatte. Daran konnte jeder erkennen, dass Er an Jesus glaubte und sich von Ihm auf einen besseren Weg weisen hat lassen. Zachäus hat in diesem Moment seine Heimreise

---

[51] Lk 19,7-10

angetreten, indem er Abschied genommen hat von seiner selbstsüchtigen und
habsüchtigen Lebensweise.

Ich weiß nicht, was Dir noch möglich ist.
Vielleicht bist Du ans Bett gefesselt. Doch
auch im Bett kann man noch getauft
werden, um den Bund mit dem Bräutigam
im Wasserbad festzumachen, und sei es,
indem man nur Deinen Kopf beträufelt.
Vielleicht kannst Du noch das eine oder
andere gut machen, oder bei denen um
Verzeihung bitten, denen Du etwas
angetan hast. Vielleicht kannst Du noch
beginnen, Dein Leben zu verändern, um
Gutes zu tun, um anderen Liebe zu er-
weisen. Auch freundliche Worte sind
etwas Gutes.

Als ich meinen väterlichen Freund Wil-
fried zum letzten Mal ins Spital begleitete,
weinte er sehr und bat mich, mit ihm zu
beten. Das tat ich gerne. Und dann be-
merkte ich etwas an ihm. Er war der Typ,
der dem Pflegepersonal normalerweise

mächtig auf die Nerven ging. Er war fordernd, besserwisserisch und provokant. Davon war in seiner letzten Woche nichts mehr zu bemerken. Er strahlte einen Frieden aus, war freundlich und gefasst. Es waren nur wenige, die sich von ihm verabschiedeten; aber der barmherzige Vater hat ihn mir offenen Armen empfangen. Weil er auf Ihn vertraut hat.

An dem Verbrecher neben dem gekreuzigten Jesus sehen wir aber auch, dass wenn gar nichts anderes mehr geht, beim Herrn der Wille auch fürs Werk zählt. Auch ihm machte der Herr keinerlei Vorwürfe mehr, denn er war bereits reumütig.

Sein Gebet kann auch das Deine werden, wenn Du Dir schwer tust, es in eigene Worte zu fassen: *„Herr, gedenke an mich, wenn du in deiner Königsherrschaft kommst!"* Es bedarf ja nicht vieler Worte, und wir müssen Ihm auch keine Gedichte aufsagen.

Es gibt aber einige schöne und tröstliche Gedichte, die Du auch als Gebet sprechen kannst. Die möchte ich Dir noch mitgeben, denn sie unterstreichen, dass der Heimweg eine frohe und gewisse Sache ist für den, der mit Jesus Christus verbunden ist.

Drei Heimatgedichte

Von Eleonore
zu Stolberg-Wernigerode (1835-1903):

Heimgehen, selig werden,
o wunderbares Wort,
forteilen von der Erden
und ewig ruhen dort,
wo ich den Heiland sehe,
der mich erlöset hat,
und in der heilgen Stadt
in seinem Lichte stehe.

Ja, heimwärts möcht ich ziehen
zu jenen selgen Au'n,
am Thron des Lammes knien,
sein heilig Antlitz schaun;
der mir durch seine Wunden
das ewge Leben gibt,
den meine Seele liebt,
in dem sie Heil gefunden.

Jerusalem, mein Sehnen,
wann zieh ich in dir ein,
wann werd ich sein bei denen
in Kleidern weiß und rein?
Wohl find ich hier auf Erden

manch reiche Freudenstund,
doch stets sagt Herz und Mund:
Heimgehen — selig werden!

Von Philipp Spitta (1801-1859):

Bei dir, Jesus, will ich bleiben,
stets in deinem Dienste stehn;
nichts soll mich von dir vertreiben,
will auf deinen Wegen gehn.
Du bist meines Lebens Leben,
meiner Seele Trieb und Kraft,
wie der Weinstock seinen Reben
zuströmt Kraft und Lebenssaft.

Könnt ich's irgend besser haben
als bei dir, der allezeit
soviel tausend Gnadengaben
für mich Armen hat bereit?
Könnt ich je getroster werden
als bei dir, Herr Jesu Christ,
dem im Himmel und auf Erden
alle Macht gegeben ist?

Wo ist solch ein Herr zu finden,
der, was Jesus tat, mir tut:
mich erkauft von Tod und Sünden

mit dem eignen teuren Blut?
Sollt ich dem nicht angehören,
der sein Leben für mich gab,
sollt ich ihm nicht Treue schwören,
Treue bis in Tod und Grab?

Ja, Herr Jesu, bei dir bleib ich
so in Freude wie in Leid;
bei dir bleib ich, dir verschreib ich
mich für Zeit und Ewigkeit.
Deines Winks bin ich gewärtig,
auch des Rufs aus dieser Welt;
denn der ist zum Sterben fertig,
der sich lebend zu dir hält.

Bleib mir nah auf dieser Erden,
bleib auch, wenn mein Tag sich neigt,
wenn es nun will Abend werden
und die Nacht herniedersteigt.
Lege segnend dann die Hände
mir aufs müde, schwache Haupt,
sprich: "Mein Kind, hier geht's zu Ende;
aber dort lebt, wer hier glaubt."

Bleib mir dann zur Seite stehen,
graut mir vor dem kalten Tod
als dem kühlen, scharfen Wehen
vor dem Himmelsmorgenrot.

Wird mein Auge dunkler, trüber,
dann erleuchte meinen Geist,
dass ich fröhlich zieh hinüber,
wie man nach der Heimat reist.

Von König David (um 1000 v.Chr.),
Psalm 23:

Der Herr ist mein Hirte; mir wird nichts
mangeln. Er weidet mich auf grünen Auen
und führt mich zu stillen Wassern. Er
erquickt meine Seele; er führt mich auf rechter
Straße um seines Namens willen.

Und wenn ich auch wanderte durchs Tal des
Todesschattens, so fürchte ich kein Unglück,
denn du bist bei mir; dein Stecken und dein
Stab, die trösten mich. Du bereitest vor mir
einen Tisch angesichts meiner Feinde; du hast
mein Haupt mit Öl gesalbt, mein Becher
fließt über.

Nur Güte und Gnade werden mir folgen
mein Leben lang, und ich werde bleiben im
Haus des Herrn immerdar.